DÉCRETS

PORTANT

RÈGLEMENT SUR LE SERVICE SPÉCIAL

DE LA

GENDARMERIE MARITIME

SUR

La Police de la Navigation et des Pêches

ROCHEFORT-SUR-MER

SOCIÉTÉ ANONYME DE L'IMPRIMERIE OH. THÉZE

—

1890

DÉCRETS

PORTANT

RÈGLEMENT SUR LE SERVICE SPÉCIAL

DE LA

GENDARMERIE MARITIME

SUR

La Police de la Navigation et des Pêches

DÉCRET DU 19 MARS 1852
Concernant le rôle d'équipage et les indications des bâtiments et embarcations exerçant une navigation maritime.

ARTICLE PREMIER.

Le rôle d'équipage est obligatoire pour tous bâtiments ou embarcations exerçant une navigation maritime.

La navigation est dite *maritime* sur la mer, dans les ports, sur les étangs et canaux où les eaux sont salées et, jusqu'aux limites de l'inscription maritime, sur les fleuves et rivières affluant directement ou indirectement à la mer.

ART. 2.

Le rôle d'équipage est renouvelé à chaque voyage pour les bâtiments armés au long-cours et tous les ans pour ceux armés au cabotage ou à la petite pêche.

Art. 3.

Tout capitaine, maître ou patron, ou tout individu qui en fait fonctions, est tenu, sur la réquisition de qui de droit, d'exhiber son rôle d'équipage, sous peine d'une amende de 500 francs si le bâtiment est armé au long-cours ; de 200 francs si le bâtiment ou embarcation est armé au cabotage ; de 100 francs s'il est armé à la petite pêche.

Art. 4.

L'embarquement de tout individu qui ne figure pas sur le rôle d'équipage, est punissable, par chaque individu embarqué, d'une amende de 300 francs, si le bâtiment est armé au long-cours ; de 50 à 100, si le bâtiment ou embarcation est armé au cabotage ; de 25 à 50 francs, s'il est armé à la petite pêche.

Art. 5.

Est punissable des peines portées à l'article 4, et sous les mêmes conditions, le débarquement, sans l'intervention de l'autorité maritime ou consulaire, de tout individu porté à un titre quelconque sur un rôle d'équipage.

Art. 6.

Le nom et le port d'attache de tout bâtiment ou embarcation exerçant une navigation maritime seront marqués à la poupe, en lettres blanches de huit centimètres au moins de hauteur, sur fond noir, sous peine d'une amende de 100 à 300 francs, s'il est armé au long-cours ; de 50 à 100 francs, s'il est armé au cabotage ; de 10 à 50 francs, s'il est armé à la petite pêche.

Défense est faite, sous les mêmes peine, d'effacer, altérer, couvrir ou masquer les dites marques.

ART. 7.

Les commissaires de l'inscription maritime, consuls et vice-consuls de France, officiers et officiers-mariniers commandant les bâtiments ou embarcations de l'Etat, les syndics des gens de mer, gardes maritimes et gendarmes de la marine concourront à la recherche et à la constatation des infractions prévues dans le présent décret.

Les agents de l'administration des douanes concourront seulement à la constatation de celle que prévoit l'article précédent.

ART. 8.

Ces infractions, auxquelles ne seront point appliquées les dispositions de l'art. 365, § 2 du Code d'instruction criminelle, seront poursuivies, en France et dans les colonies françaises, devant le tribunal correctionnel du lieu où elles auront été constatées.

Si la constatation a eu lieu en pays étranger, le procès-verbal dressé par le consul ou l'officier commandant un bâtiment de l'Etat sera transmis au tribunal correctionnel dans le ressort duquel est situé le port d'attache du navire en contravention.

Cette transmission aura lieu par l'intermédiaire du commissaire de l'inscription maritime compé-

tent, qui consignera sur le procès-verbal la date de
sa réception.

ART. 9.

Les procès-verbaux feront foi jusqu'à inscription
de faux ; ils devront être signés ; ils devront, en
outre, et à peine de nullité, être affirmés dans les
trois jours de la clôture des dits procès-verbaux,
par devant le juge de paix du canton ou l'un de
ses suppléants, ou par devant le maire ou l'adjoint,
soit dé la résidence de l'agent instrumentaire, soit
de celle où le délit a été constaté.

Ne sont point, toutefois, soumis à l'affirmation
les procès-verbaux dressés par les commissaires
de l'inscription maritime, consuls ou vices-consuls
de France, officiers et officiers-mariniers commandant les bâtiments ou embarcations de l'Etat.

ART. 10.

Les poursuites ont lieu à la diligence du minis-
tère public et aussi des commissaires de l'inscription maritime. Ces officiers, dans ce cas, ont droit
d'exposer l'affaire devant le tribunal et d'être
entendus à l'appui de leurs conclusions.

Les poursuites seront intentées dans les trois
mois qui suivront le jour où la contravention aura
été constatée ou celui de la réception d'un procès-
verbal dressé en pays étranger.

A défaut de poursuites intentées dans ce délai,
l'action publique est prescrite.

ART. 11.

Toutes les amendes appliquées en vertu du
présent décret seront prononcées solidairement

tant contre les capitaines, maîtres ou patrons, que contre les armateurs des bâtiments ou embarcations.

Le montant de ces amendes sera attribué à la Caisse des invalides de la marine et le cinquième en sera dévolu aux syndics' des gens de mer, gardes-maritimes, gendarmes de la marine et agents des douanes qui auront constaté la contravention.

Cette allocation ne pourra, toutefois, excéder 25 francs pour chaque infraction.

ART. 12.

Les receveurs de l'administration de l'enregistrement et des domaines sont chargés du recouvrement des amendes prononcées en vertu du présent décret. Ils verseront les fonds en provenant dans les mains des trésoriers des Invalides de la marine.

ART. 13.

Sont et demeurent abrogées toutes dispositions contraires au présent décret.

ART. 14.

Le ministre de la marine et des colonies est chargé de l'exécution du présent décret, qui sera inséré au *Bulletin des lois* et au *Bulletin officiel de la marine.*

Fait au Palais des Tuileries, le 19 mars 1852.

Le ministre de la marine et des colonies,
Signé : Th. DUCOS.

DÉCRET DU 20 MARS 1852

Sur le Bornage.

ARTICLE PREMIER.

Tout marin âgé de vingt-quatre ans au moins et réunissant soixante mois de navigation pourra commander au bornage.

ART. 2.

On entend par bornage la navigation faite par une embarcation jaugeant vingt-cinq tonneaux au plus, avec faculté d'escales intermédiaires, entre son port d'attache et un autre point déterminé, mais qui n'en doit pas être distant de plus de quinze lieues marines.

Les chiffres de tonnage et de limite de parcours peuvent toutefois être élevés, mais seulement pour les chalands, alléges, penelles et autres bâtiments naviguant sur les fleuves et rivières au moyen du remorquage et du hâlage.

ART. 3.

Le rôle d'équipage de tout bâtiment ou embarcation armé au bornage mentionnera ce genre de navigation, il sera renouvelé annuellement ; il sera assimilé au rôle des bâtiments ou embarcations armés au cabotage, en ce qui touche le décomptage des services et la prestation des invalides.

ART. 4.

Les bâtiments et embarcations armés au bornage

seront assimilés à ceux qui sont armés au cabo
tage relativement aux infractions en matière de rôle
d'équipage, d'indications à l'arrière, d'embarque-
ments et de débarquements irréguliers.

ART. 5.

Tout individu non autorisé qui aura exercé le
commandement d'une embarcation armée au bornage sera puni d'une amende de 100 francs.

Sera puni de la même peine, tout patron au
bornage qui aura exercé le commandement d'une
embarcation de plus de vingt-cinq tonneaux, ou
qui aura franchi la limite de parcours indiquée
sur le rôle d'équipage.

ART. 6.

Sera également puni d'une amende de 100 francs
tout patron pêcheur qui aura effectué un transport
de marchandises ou de passagers.

ART. 7.

Le commandement d'une embarcation armée à
la petite pêche ne pourra être exercé que par un
marin définitivement inscrit.

ART. 8.

Les infractions prévues par le présent décret, et
auxquelles sont applicables les dispositions des
articles 8, 9, 10, 11 et 12 du décret du 19 mars 1852,
seront recherchées et constatées par les commissaires de l'inscription maritime, consuls et vice-
consuls de France, officiers et officiers-mariniers
commandant les bâtiments ou embarcations de

l'Etat, les syndics des gens de mer, gardes-maritimes et gendarmes de la marine.

ART. 9.

Le ministre de la marine et des colonies est chargé de l'exécution du présent décret, qui sera inséré au *Bulletin des lois* et au *Bulletin officie de la marine.*

Fait au Palais des Tuileries, le 20 mars 1852.

Le ministre de la marine et des colonies,
Signé : TH. DUCOS.

DÉCRET DU 23 MARS 1852

Concernant les novices et les mousses.

ARTICLE PREMIER

Sera porté comme mousse sur les registres de l'inscription maritime et sur les rôles d'équipage des bâtiments de l'Etat ou du commerce, tout individu âgé de dix ans à seize ans révolus.

Sera porté comme novice sur les registres de l'inscription maritime et sur les rôles d'équipage des bâtiments de l'Etat ou du commerce, tout individu âgé de seize ans et plus qui ne réunira point les conditions d'âge et de navigation exigées par l'article 5 de la loi du 3 brumaire an IV, pour être définitivement inscrit comme matelot.

Art. 2.

Il sera embarqué un mousse à bord de tout bâtiment ou embarcation employé à la navigation ou à la pêche maritime ayant plus de deux hommes d'équipage.

L'embarquement d'un second mousse sera obligatoire à bord de tout bâtiment ou embarcation ayant vingt hommes d'équipage, non compris le premier mousse.

Il sera embarqué un troisième mousse à bord de tout bâtiment ayant trente hommes d'équipage, non compris les deux premiers mousses, et ainsi de suite en continuant de calculer par dizaine. d'hommes complète.

Art. 3.

Il pourra être embarqué à bord de tout bâtiment armé pour le long-cours, le grand cabotage ou les grandes pêches, en remplacement des mousses, et dans la proportion déterminée par l'article 2 du présent décret, des novices ayant acquis dix-huit mois de navigation avant l'âge de seize ans.

Art. 4.

Sont et demeurent abrogées les dispositions des lois et réglements contraires au présent décret.

Art. 5.

Le ministre secrétaire d'Etat de la marine et des colonies est chargé de l'exécution du présent décret, qui sera inséré au *Bulletin des lois* et au *Bulletin officiel de la marine*.

Fait au Palais des Tuileries, le 23 mars 1852.

Le ministre de la marine et des colonies,
Signé : Th. DUCOS.

DÉCRET DU 15 JUILLET 1853

TITRE PREMIER

CONSTITUTION DE L'ARME. — RECRUTEMENT

CHAPITRE PREMIER

SPÉCIALITÉ DU SERVICE DE L'ARME. — RÉPARTITION
DES COMPAGNIES. — DISPOSITIONS GÉNÉRALES

ARTICLE PREMIER

La gendarmerie maritime constitue pour les officiers comme pour les sous-officiers, brigadiers et gendarmes, un corps de troupe à pied.

Elle est spécialement affectée à la police judiciaire des ports et des arsenaux, à l'exécution du service relatif à l'inscription maritime, à la police de la navigation, à la police des pêches, ainsi qu'à toutes les opérations qui s'y rattachent, soit à l'intérieur des ports, soit à l'extérieur.

ART. 2.

L'effectif de cette arme est divisé en cinq compagnies qui sont attachées séparément, comme il suit, au service des cinq arrondissements maritimes ; chacune d'elles porte le numéro de l'arrondissement auquel elle appartient :

La 1re à Cherbourg ;
La 2e à Brest ;
La 3e à Lorient ;
La 4e à Rochefort ;
La 5e à Toulon.

Notre ministre secrétaire d'Etat de la marine pourvoit, par des décisions spéciales, à la répartition de l'effectif des compagnies entre les quartiers, sous-quartiers et syndicats de l'inscription maritime, selon les besoins du service local.

ART. 3.

.Les lois, ordonnances et décrets relatifs au service, à la police, à la discipline, à l'avancement, à l'habillement, aux allocations de solde, d'indemnités et de prestations de toute nature, aux pensions de réforme et de retraites, aux récompenses, au mode de payement et d'administration du corps de la gendarmerie, sont applicables à la gendarmerie maritime, sous les exceptions qui peuvent résulter des dispositions ci-après en ce qui concerne le service.

Toute mesure nouvelle adoptée pour le corps de la gendarmerie par le département de la guerre ne deviendra cependant applicable à la gendarmerie maritime qu'après décision préalable du ministre de la marine.

CHAPITRE II

RECRUTEMENT

ART. 4.

Les emplois de gendarme de la marine sont donnés :

1º A des militaires des corps de troupe de la marine et à des marins en activité de service, en congé provisoire de libération ou libérés définitivement ;

2º A des militaires des différents corps de l'armée de terre en activité, appartenant à la réserve ou libérés définitivement, lorsqu'ils réunissen d'ailleurs les conditions d'âge, de taille, d'instruction et de bonne conduite déterminées par l'article 18 du décret du 1er mars 1854 sur l'organisation et le service de la gendarmerie.

(Cette taille est de 1 mètre 66 cent. sans aucune tolérance. — *Décision présidentielle du 21 octobre 1878 et circulaire du ministre de la marine du 2 mai 1879).*

ART. 5.

L'avancement aux grades et emplois d'officiers pour la portion dévolue à la gendarmerie roule sur les cinq compagnies, et a lieu conformément aux dispositions de l'article 55 du décret du 1er mars 1854.

La moitié des lieutenances vacantes est donnée, sur la proposition des inspecteurs généraux, à des lieutenants des corps de troupe de la marine, âgés de plus de vingt-cinq ans et de moins de trente-cinq ans, et ayant au moins un an d'activité de service dans leur grade.

(Les capitaines des corps de troupe de l'armée de mer pourront être désormais admis dans la gendarmerie maritime comme le sont déjà les lieutenants. — *Décret du 25 juin 1867).*

ART. 6.

L'instruction spéciale des officiers de la gendarmerie maritime doit embrasser les dispositions réglementaires relatives à tous les détails du service de l'inscription maritime, de la police de la navigation, des pêches, etc., etc., et celles concernant le service général de la gendarmerie.

TITRE II

POSITION DE LA GENDARMERIE A L'ÉGARD DES AUTORITÉS MARITIMES. — SERVICE DES OFFICIERS. — DISCIPLINE.

CHAPITRE PREMIER

RAPPORTS DE LA GENDARMERIE AVEC LES AUTORITÉS MILITAIRES, CIVILES ET JUDICIAIRES DE LA MARINE

ART. 7.

La gendarmerie maritime est placée sous l'autorité immédiate des préfets maritimes et des majors généraux de la marine.

(Ces officiers ne doivent pas être considérés comme faisant fonctions de chefs de légion. — *Circulaire du 31 mai 1866, Bull. off.*, p. 430).

ART. 8.

En ce qui concerne les opérations relatives au service de l'inscription maritime, de la police de la navigation et des pêches, les commandants des lieutenances et les chefs de poste dans les quartiers et sous-quartiers relèvent directement des chefs du service de la marine et des commissaires de l'inscription maritime. Ils leur doivent un compte exact et immédiat de l'exécution du service dont ils sont chargés.

ART. 9.

Les commandants des compagnies de gendarmerie maritime rendent compte sur-le-champ, aux préfets maritimes et aux majors-généraux, de tous les événements extraordinaires intéressant la sûreté des ports et des arsenaux et leur communiquent tous les renseignements qu'ils ont pu recueillir.

ART. 10.

Les officiers commandant les lieutenances dans les ports militaires et dans les ports de commerce chefs-lieux de sous-arrondissements maritimes, adressent directement aux majors généraux ou aux chefs du service de la marine, un rapport journalier sur le service accompli et les événements portés à leur connaissance par les brigades sous leurs ordres. Une expédition de ce rapport est remise au commandant de la compagnie.

Un extrait du même rapport, en ce qui concerne les arrestations des malfaiteurs, est adressé au préfet maritime lorsqu'il y a lieu.

ART. 11.

Les sous-officiers, brigadiers et gendarmes de la marine ne peuvent se porter, même pour objets de service, hors des limites de leur circonscription respective, sans qu'ils y aient été autorisés par le préfet maritime ou par le chef du service de la marine.

ART. 12.

Les militaires de la gendarmerie maritime sont tenus de déférer aux réquisitions qui leur sont faites par les majors-généraux, majors et aides-majors de la marine, les chefs de corps, de dépôt et de détachement, les chefs de service et de détail, les rapporteurs près les tribunaux de la marine, lesquels ne peuvent, d'ailleurs, leur adresser de réquisitions que pour assurer le service et maintenir l'exécution des mesures de police et de surveillance que les règlements leur attribuent.

ART. 13.

Dans les ports chefs-lieux d'arrondissement maritime, les réquisitions écrites sont toujours adressées aux commandants des compagnies ; sur tous les autres points elles sont adressées aux commandants des postes qui s'y trouvent placés.

ART. 14.

Les abus que les officiers militaires et civils de la marine désignés à l'article 12 pourraient faire du droit de réquisition de gendarmes d'ordonnance ou de service seront déférés par les commandants des compagnies aux préfets maritimes ou aux majors-généraux de la marine, sans que le compte qu'ils en rendront puisse cependant dispenser d'obtempérer aux dites réquisitions.

ART. 15.

A l'exception des dispositions que renferme l'article 40 ci-après, les sous-officiers, brigadiers et gendarmes maritimes ne peuvent être employés à porter la correspondance des différentes autorités de la marine que dans les cas urgents et à défaut d'autres moyens. Ce service ne se fait alors qu'en vertu de réquisitions écrites, et les abus dont il peut être l'objet sont déférés par les commandants des compagnies aux préfets maritimes.

Toutefois les sous-officiers, brigadiers ou gendarmes chefs de postes, étant obligés d'aller chaque jour à la poste aux lettres pour y porter leur correspondance et y recevoir celle de leurs officiers, y portent et rapportent en même temps celles des administrateurs sous les ordres desquels ils se trouvent placés.

Les militaires de la gendarmerie maritime ne peuvent, d'ailleurs, être employés à aucun service personnel, à aucune fonction qui ne serait pas compatible avec les règlements constitutifs de la gendarmerie.

ART. 16.

Les commissaires aux revues peuvent constater, chaque trimestre, l'effectif des brigades affectées au service des ports militaires ; à cet effet, ils passent la revue des hommes présents dans le lieu de leur résidence, mais ne donnent aucun ordre pour le déplacement des gendarmes détachés dans des quartiers maritimes.

La présence de ces militaires est attestée par des certificats des administrateurs des quartiers maritimes que les commandants des lieutenances sont chargés de réunir et de transmettre aux conseils d'administration des compagnies.

CHAPITRE II

DU SERVICE PARTICULIER DES OFFICIERS DE L'ARME

ART. 17.

Les commandants des compagnies sont exclusivement chargés de la direction du service dans les ports militaires, de la tenue, de la police, de l'administration intérieure et de la comptabilité de tous les militaires présents au chef-lieu de l'arrondissement maritime et détachés dans les quartiers de l'inscription maritime.

ART. 18.

Le nombre des tournées d'inspection que les officiers de gendarmerie maritime sont tenus de faire annuellement est fixé à deux pour les commandants des compagnies et à six pour les lieutenants. Ces tournées doivent être combinées de manière que chaque sous-officier, brigadier et gendarme détaché soit inspecté au moins une fois par an (1).

ART. 19.

Lors de leurs tournées d'inspection, pour en abréger la durée et pour se rendre en même temps un compte exact de l'instruction militaire des hommes détachés, les commandants des compagnies peuvent réunir sur un point intermédiaire plusieurs de ces militaires, en évitant cependant de trop longs déplacements. Les points de rassembletment sont changés successivement et choisis de elle sorte que chaque sous-officier, brigadier et gendarme détaché soit visité, autant que possible, dans le lieu même de sa résidence.

---

(1) A l'improviste, dans le lieu même de sa résidence. (Circulaire du 11 décembre 1874).
Les militaires de la gendarmerie maritime détachés en Algérie sont inspectés inopinément dans le lieu même de leur résidence, deux fois par an, par des officiers de marine. (Décision ministérielle du 23 avril 1878.)

Des dispositions analogues sont observées lors des revues des inspecteurs généraux.

ART. 20.

Les officiers de la gendarmerie maritime en tournées d'inspection visent les feuilles de service des chefs de postes et tous les registres qu'ils sont chargés de tenir. Ils vérifient et s'assurent près des commissaires de l'inscription maritime si le service de la gendarmerie est fait avec exactitude, activité et suivant toutes les prescriptions réglementaires ; si les sous-officiers, brigadiers et gendarmes tiennent une bonne conduite, ne contractent point de dettes, et enfin si leur tenue journalière est toujours convenable et régulière.

ART. 21.

Il est recommandé aux officiers commandants de lieutenances de diriger l'instruction des sous-officiers, brigadiers et gendarmes vers les connaissances inhérentes à la spécialité de leurs fonctions (1), et de les exercer à la rédaction des procès-verbaux.

CHAPITRE III

DISCIPLINE

ART. 22.

Les préfets maritimes, les majors-généraux de

___

(I) Les cours de l'école élémentaire doivent avoir lieu dans la gendarmerie maritime durant toute l'année, du Ier janvier au 3I décembre sans interruption. (Décision ministérielle du 26 décembre I873).

la marine, les chefs du service de la marine dans les sous-arrondissements, prescrivent les punitions que doivent subir les officiers, sous-officiers, brigadiers et gendarmes, pour infractions à leurs ordres ou pour fautes commises dans le service.

Ils se conforment, pour la nature et la durée de ces punitions, aux dispositions du décret du 1er mars 1854 et à celles du règlement du 10 juillet 1889 sur le service intérieur de la gendarmerie.

ART. 23.

Lorsque les autres administrateurs de la marine ont à se plaindre des militaires de la gendarmerie placés sous leurs ordres, ils s'adressent soit au préfet maritime de l'arrondissement, soit au chef du service de la marine, soit enfin au commandant de la compagnie, qui ordonnent, s'il y a lieu, des punitions conformes aux règlements.

Toutefois, pour des fautes graves exigeant une répression immédiate, les commissaires de l'inscription maritime infligent les punitions et en rendent compte, dans les vingt-quatre heures, à l'autorité compétente du chef-lieu du sous-arrondissement maritime.

ART. 24.

Aucun congé ni permission d'absence ne peuvent être accordés, sur la proposition du commandant de la compagnie, aux officiers, sous-officiers, brigadiers et gendarmes détachés dans les sous-arrondissements et dans les quartiers, sans l'avis préalable des chefs du service de la marine ou des commissaires de l'inscription maritime.

ART. 25.

Il est expressément interdit aux gendarme maritimes d'accepter, en dehors des gratificationss réglementaires, aucune espèce de rémunération pour les services qu'ils seraient appelés à rendre aux armateurs, négociants, courtiers ou agents maritimes. commerciaux, aux capitaines au long-cours et autres, aux administrations publiques ou privées, ainsi qu'aux particuliers.

Il leur est également interdit de prendre directement ou indirectement un intérêt quelconque dans le commerce du poisson, du coquillage, etc.

Toute infraction à cette défense serait sévèrement réprimée, comme portant atteinte à la dignité du corps.

TITRE III

DU SERVICE SPÉCIAL DE LA GENDARMERIE MARITIME

CHAPITRE Ier

DÉFINITION

ART. 26.

Le service spécial de la gendarmerie maritime se divise en service ordinaire et en service extraordinaire :

1º Le service ordinaire est celui qui s'opère journellement ou à des époques périodiques, sans qu'il soit besoin d'aucune réquisition de la part des diverses autorités :

2º Le service extraordinaire est celui dont l'exécution n'a lieu qu'en vertu d'ordres ou de réquisitions. Tout service donnant lieu à l'indemnité de déplacement s'exécute sur réquisition.

L'un et l'autre de ces services ont pour objet essentiel d'assurer constamment, sur tous les points où se trouvent placés les militaires de la gendarmerie maritime, l'action directe de la police judiciaire, administrative et maritime, le maintien du bon ordre, l'exécution des lois et règlements.

CHAPITRE II

SERVICE ORDINAIRE

ART. 27.

Les fonctions permanentes des sous-officiers, brigadiers et gendarmes de la marine, sont de surveiller les démarches des marins, d'observer leurs habitudes dans les ports et dans les quartiers ; de s'attacher à les reconnaître, afin de prévenir et de réprimer la désertion, l'insoumission, les émeutes et toutes les causes de désordre et de projets séditieux.

Dans les arsenaux, leurs obligations sont définies par des règlements particuliers de police arrêtés par les préfets maritimes ; la garde des issues est une des attributions importantes de la gendarmerie.

Une surveillance éclairée, continue et répressive, sur tous les points constitue l'essence du service de l'arme.

Art. 28.

Dans les ports militaires, les compagnies de gendarmerie maritime fournissent des postes à toutes les issues des arsenaux pour assurer l'exécution des règlements particuliers de police et des consignes arrêtés, soit par le ministre, soit par les préfets maritimes.

Elles détachent, en outre, autant que possible, des gendarmes auprès des préfets maritimes, des majors-généraux, des commissaires du gouvernement près les tribunaux de la marine, des commissaires de l'inscription maritime et des armements, pour assurer l'exécution des lois et règlements dans toutes les circonstances où l'intervention de la gendarmerie est reconnue nécessaire.

Art. 29.

La gendarmerie maritime fournit des escortes d'honneur lorsque le chef de l'Etat ou les ministres visitent les arsenaux.

Elle escorte également les autorités maritimes dans les cérémonies publiques.

Art. 30.

Le nombre des gendarmes que réclament les règlements particuliers de chacun des cinq ports militaires se rend dans l'arsenal au coup de canon de diane et y reste jusqu'à celui de la retraite, de manière à assister à l'ouverture et à la fermeture des issues.

Les sous-officiers, brigadiers et gendarmes de service circulent librement, pendant les heures de travail, dans tous les chantiers et ateliers couverts, afin de réprimer toutes infractions aux règlements. Ils veillent à ce qu'il ne soit fait aucune dégradation aux propriétés de la marine.

Ils expulsent les individus en état d'ivresse et, lorsque l'entrée des arsenaux est interdite, ils arrêtent les personnes qui s'y trouvent sans permissions régulières.

Art 31.

Les bagnes, en France, sont supprimés.

Art. 32.

Tout individu arrêté par les sous-officiers, brigadiers et gendarmes de la marine, avec des effets ou objets volés dans les arsenaux ou autres établissements maritimes, est conduit immédiatement devant l'autorité judiciaire compétente.

Les individus arrêtés pour des infractions aux règlements particuliers des ports et arsenaux sont conduits sans retard devant les officiers du service de la marine auquel ils appartiennent et mis à leur disposition.

Art. 33.

Si les militaires de la gendarmerie maritime reconnaissent chez des marchands ou chez des particuliers des effets à la marque de la marine, ou qu'ils auraient lieu de croire lui appartenir, ils en dressent un procès-verbal ou font leur rapport, qu'ils remettent sur le champ à l'autorité compétente, pour qu'il soit procédé, suivant les lois, contre les détenteurs des dits objets ou effets.

ART. 34.

Ils dressent procès-verbal des vols, effractions, arrestations et autres événements parvenus à leur connaissance, dont ils auraient été témoins ou pour lesquels ils auraient été requis.

ATT. 35.

Ils conduisent devant les rapporteurs près les tribunaux de la marine, les individus prévenus de crimes ou de délits dont la connaissance ressortit à ces tribunaux.

ART. 36.

En cas d'incendie dans l'arsenal, tous les officiers, sous-officiers, brigadiers et gendarmes disponibles s'y portent immédiatement, pour surveiller les issues livrées à la circulation, et se mettre à la disposition de l'autorité qui dirige les secours.

ART. 37.

Les sous-officiers, brigadiers et gendarmes détachés dans les sous-arrondissements, quartiers, sous-quartiers et syndicats de l'inscription maritime, *doivent être relevés après quatre années consécutives de séjour dans la même résidence, sauf décision spéciale du ministre* (Décret du 13 janvier 1883.)

ART. 38.

Les sous-officiers, brigadiers et gendarmes détachés comme chefs de poste entretiennent une correspondance suivie avec leurs chefs directs.

Ils inscrivent sur un journal spécial, qui est

transmis tous les mois au commandant de la lieutenance, pour être remis, avec ses observations au commandant de la compagnie, le service accompli chaque jour, tant par eux-mêmes que par les brigadiers ou gendarmes sous leurs ordres. Ces feuilles de service sont présentées chaque jour à la signature du commissaire ou administrateur de l'inscription maritime.

ART. 39.

Les sous-officiers, brigadiers et gendarmes détachés hors du chef-lieu de l'arrondissement maritime, doivent employer tous les moyens en leur pouvoir pour appuyer et faire respecter l'autorité des commissaires et administrateurs de la marine.

Ils assurent le maintien de l'ordre dans les bureaux lorsque les marins ou leurs familles s'y présentent pour affaires de service, réclamations, etc. Ils ne restent d'ailleurs de planton dans les bureaux qu'autant que leur présence est nécessaire pour cet objet, et ne peuvent y être employés comme secrétaires ou copistes, la nature de leur service étant incompatible avec ces fonctions.

Tous les matins, et à l'heure qui leur est indiquée par les commissaires ou administrateurs de l'inscription maritime, ils se rendent dans les bureaux de ces officiers pour prendre leurs ordres, qu'ils doivent faire exécuter dans les vingt-quatre heures.

ART. 40.

Lorsqu'une levée de marins est ordonnée, les gendarmes se rendent, s'il y a lieu, dans toutes les communes des quartiers, non seulement pour porter les ordres des commissaires de l'inscription maritime, mais encore pour en seconder au besoin l'exécution.

Ce service s'exécute sur l'indication verbale de l'officier de l'inscription maritime ou sur réquisition écrite, suivant que les distances à parcourir donnent ou ne donnent pas droit à l'indemnité de déplacement.

En cas de nécessité, ils prêtent et au besoin ils requièrent main-forte pour assurer les effets de la levée.

Ils conduisent dans les prisons les marins et les ouvriers inscrits coupables de désobéissance ou de désertion.

ART. 41.

Dans les tournées, courses, rondes ou patrouilles de jour et de nuit qu'ils sont tenus de faire en ville et dans toute l'étendue de la circonscription de leur résidence, sur les quais, ports, rivières et lieux de pêche, les sous-officiers, brigadiers et gendarmes arrêtent et font arrêter les déserteurs, les militaires et les marins qui tenteraient de vendre leurs effets ou des matières appartenant à l'Etat.

Ils sont envoyés sur les routes avoisinant les ports pour rechercher et arrêter les déserteurs et les absents signalés.

Ils parcourent les chantiers de construction du commerce.

Ils assistent au départ et à l'arrivée des paquebots.

ART. 42.

Les sous-officiers, brigadiers et gendarmes surveillent les marins et les ouvriers des arsénaux en permission ou en congé, et les font diriger sur les ports auxquels ils appartiennent à l'expiration de la durée légale de leur absence. Ils arrêtent ceux qui ne sont pas porteurs d'une feuille de route ou d'une permission régulière.

ART. 43.

Ils se font représenter :

1º Les rôles d'équipage ou pièces destinées à en tenir lieu, obligatoires pour tout bâtiment ou embarcation exerçant une navigation maritime quelconque ;

2º Les feuilles de route ou permis des inscrits maritimes rentrant dans leurs foyers ou qui cherchent à s'embarquer au commerce, pour s'assurer qu'ils sont en règle, et, au besoin, conduire ces marins devant l'autorité maritime.

ART. 44.

Ils examinent les divers rets, filets, bateaux et autres instruments employés pour la pêche, ainsi que les amorces, et s'assurent que les établissements légalement formés sur la mer et ses rivages servent seuls à l'exploitation de la pêche.

ART. 45.

Les sous-officiers, brigadiers et gendarmes constatent par procès-verbaux toutes infractions aux lois, décrets, ordonnances et règlements relatifs au service de l'inscription maritime, de la police de la navigation et des pêches.

Ils peuvent constater, concurremment avec les

fonctionnaires et agents spécialement affectés à la police de la grande voirie, l'existence d'établissements irrégulièrement formés sur le domaine public maritime.

ART. 46.

Ils saisissent, même à domicile, chez les marchands et fabricants, les rets, filets, engins, instruments de pêche et appâts prohibés, ainsi que le poisson et les coquillages pêchés en contravention et mis en vente.

ART. 47.

Les procès-verbaux dressés à ce sujet sont affirmés dans les trois jours par devant le juge de paix du canton ou son suppléant, ou par devant le maire, soit de la résidence des sous-officiers, brigadiers et gendarmes maritimes qui les ont dressés, soit de celle où le délit a été commis, et sont remis au commissaire de l'inscription maritime pour recevoir telle suite qu'il y a lieu.

ART. 48.

La gendarmerie maritime remet les citations et les significations relatives aux procédures ouvertes en vertu du Code de justice militaire pour l'armée de mer, du décret-loi du 9 janvier 1852, sur la pêche côtière, et du décret disciplinaire et pénal sur la marine marchande, du 24 mars 1852.

ART. 49.

Les gendarmes de la marine accompagnent les commissaires et administrateurs de l'inscription maritime et les syndics sur les points où ils ont à se transporter à l'occasion des bris, naufrages et échouements, afin de les seconder et de veiller au maintien de l'ordre.

ART. 50.

Ils se portent fréquemment sur les côtes pour s'enquérir des événements survenus, et en donnent connaissance, sans retard, aux commissaires et administrateurs de l'inscription maritime.

ART. 51.

Les sous-officiers, brigadiers et gendarmes de la marine recueillent ou font recueillir les épaves amenées par la mer sur le rivage, les font mettre en lieu de sûreté et dressent procès-verbal de cette opération.

Lorsqu'il arrive que des cadavres sont trouvés sur les grèves, ils s'y transportent au premier avertissement pour en rechercher l'identité et recueillir tous les renseignements propres à éclairer la justice. Un procès-verbal constatant le résultat de leurs investigations est immédiatement rédigé et remis au commissaire du quartier, qui l'adresse à qui de droit.

CHAPITRE III

SERVICE EXTRAORDINAIRE

ART. 52.

Les sous-officiers, brigadiers et gendarmes de la marine se portent, sur la réquisition des commissaires de l'inscription maritime, à bord des navires du commerce ou autre, à l'effet d'y dresser les procès-verbaux relatifs aux insubordinations, voies de fait, crimes ou délits prévus par le décret disciplinaire et pénal de la marine marchande, pour être remis à ces administrateurs. Une expédition de ces procès-verbaux est transmise aux commandants des compagnies.

ART, 53.

Ils se rendent également, sur les réquisitions des commissaires de l'inscription maritime, à bord des navires étrangers, à l'effet d'y rechercher et arrêter les marins et soldats français déserteurs ou insoumis qui pourraient s'y trouver.

ART. 53 *bis*.

Les gendarmes de la marine peuvent être appelés à exercer, sur la réquisition des commissaires de l'inscription maritime, à bord des navires français ou étrangers, un service de garde de jour et de nuit, dans le but de prévenir la désertion parmi les équipages.

Ils reçoivent pour ce fait une rénumération dont le taux est fixé par décision ministérielle.

ART. 54.

Les commissaires généraux, les commissaires aux armements et ceux de l'inscription maritime peuvent, lorsque la nécessité s'en fait sentir, requérir l'assistance d'un ou de deux gendarmes pour maintenir l'ordre pendant les ventes publiques faites par la marine, les payements des délégations, des retraites, des demi-soldes, des mois de familles, et les élections des gardes-jurés.

Lorsqu'ils en sont requis par l'autorité compétente, les gendarmes maritimes accompagnent jusque dans les arsenaux les fonds transportés de chez les payeurs et destinés au salaire des ouvriers.

ART. 55.

Sur la réquisition des commissaires chargés des hôpitaux et des prisons de la marine, la gendarmerie maritime transfère les prisonniers de maisons d'arrêts des ports aux hôpitaux et réciproquement ; il en est de même pour ceux qui doivent être mis à la disposition de l'autorité civile et judiciaire.

ART. 56.

Sur les réquisitions des majors-généraux de la marine, la gendarmerie maritime doit également extraire des maisons d'arrêt des ports, et conduire à la brigade la plus voisine de gendarmerie départementale, les condamnés qui n'ont pas à subir leur peine dans les prisons de la marine, afin qu'ils soient conduits de brigade en brigade dans les lieux de détention qui leur sont assignés.

ART. 57.

Sur les réquisitions des rapporteurs près les tribunaux de la marine, la gendarmerie maritime fournit le nombre de sous-officiers, brigadiers et gendarmes nécessaire pour conduire les prévenus dans les salles d'audience, et pour maintenir l'ordre pendant la durée des séances.

[ART. 58.

Dans les cas urgents, les officiers, sous-officiers et brigadiers de la gendarmerie maritime requièrent directement l'assistance des postes militaires les plus rapprochés, lesquels sont tenus de déférer à leurs réquisitions et de leur prêter main-forte.

TITRE IV

DISPOSITIONS GÉNÉRALES

CHAPITRE UNIQUE

ART. 59.

Toutes dispositions contraires à celle que renferme le présent décret sont abrogées.

ART. 60.

Notre ministre secrétaire d'Etat au département de la marine est chargé de l'exécution du présent décret, qui sera inséré au *Bulletin des Lois* et au *Bulletin officiel de la marine.*

Fait à Plombières, le 15 juillet 1858.

Signé : NAPOLÉON.

DÉCRET DU 10 MAI 1862

Sur la pêche côtière.

ARTICLE PREMIER

La pêche de tous poissons, crustacés et coquillages est libre, pendant toute l'année, à une distance de trois milles au large de la laisse de basse mer.

ART. 2.

Sur la demande des prud'hommes des pêcheurs, de leurs délégués, et, à défaut, des syndics des gens de mer, certaines pêches peuvent être temporairement interdites sur une étendue de mer au-delà de trois milles du littoral, si cette mesure est commandée par l'intérêt de la conservation des fonds ou de la pêche de poissons de passage.

L'arrêté d'interdiction est pris par le préfet maritime.

ART. 3.

En dedans de trois milles des côtes, la pêche des poissons, crustacés et coquillages est permise toute l'année, de jour et de nuit, sous les conditions ci-après :

1° Les filets fixes, à simple, double ou triple nappe, et les filets à poche auront des mailles d'au moins vingt-cinq millimètres en carré.

Les filets fixes sont ceux qui, tenus au fond au moyen de piquets ou de poids, ne changent pas de position une fois calés.

Les marins peuvent en faire usage en bateau ou autrement ;

2º Les filets flottants ne sont assujettis à aucune dimension de maille.

Les filets flottants sont ceux qui vont au gré du vent, du courant, de la lame, ou à la remorque d'un bateau, sans jamais s'arrêter au fond.

Sont assimilés aux filets flottants, les filets fixes, dont la ralingue inférieure est élevée de manière à laisser toujours un intervalle de vingt centimètres au moins entièrement libre au-dessous de ladite ralingue ;

3º La grande seine à jet aura des mailles de vingt-cinq millimètres en carré.

Les dimensions des mailles des filets employés dans la Méditerranée restent fixées telles qu'elles l'ont été par le décret du 19 novembre 1859, lorsque ces dimensions sont inférieures à celles prescrites par le présent décret.

ART. 4.

Tous les filets, engins et instruments destinés à des pêches spéciales, telles que celles des anguilles, du nonnat, des soclets, chevrettes, lançons et poissons de petites espèces, ne sont assujettis à aucune condition de forme, de dimension, de poids, de distance ou d'époque.

L'emploi en est déclaré aux agents maritimes.

Ils ne peuvent servir qu'aux genres de pêches auxquels ils sont destinées et pour lesquels ils ont été déclarés.

S'ils sont employés autrement, ils seront considérés comme prohibés.

L'usage des foënes, hameçons et drages à coquillages n'est assujetti qu'aux mesures d'ordre et de police.

Les seines et filets destinés à la pêche des éper-
lans et des mulets sont, s'il y a lieu, réglementés
par les préfets maritimes.

ART. 5.

Continuent à être prohibés, les guideaux, gords
et autres filets fixes à poche, dans les fleuves,
rivières et canaux et à leurs embouchures.

ART. 6.

L'usage des filets traînants pour la pêche de
toutes espèces de poissons peut être, sur la proposition des préfets maritimes, autorisé par des
arrêtés de notre ministre de la marine et des colonies, à moins de trois milles de la côte, dans les
localités, ou soit en raison de la profondeur des
eaux, soit pour toute autre cause s'il ne présente
aucun inconvénient.

Les filets traînants sont ceux qui, coulés au
fond au moyen de poids placés à la partie inférieure, y sont promenés sous l'action d'une force
quelconque.

Ces filets doivent avoir des mailles d'au moins
vingt-cinq millimètres en carré.

Dans aucun cas il n'est fait usage de filets traînants, à moins de 500 mètres des huîtrières.

ART. 7.

Toute espèce de pêche, par quelque procédé
que ce soit, à moins de trois milles de la côte,
peut, sur une étendue déterminée du littoral, être
temporairement interdite, lorsque l'interdiction est
reconnue nécessaire pour sauvegarder soit la repro-

duction des espèces, soit la conservation du frai et du frétin.

L'interdiction est prononcée par un décret rendu sur la proposition de notre ministre de la marine et des colonies.

ART. 8.

Les préfets maritimes fixent par des arrêtés les époques d'ouverture et de clôture de la pêche des huîtres sur les bancs dans l'intérieur des baies et sur ceux situés à moins de trois milles de la côte.

Ils déterminent les huîtrières qui seront mises en exploitation.

Cette pêche est interdite avant le lever et après le coucher du soleil.

A moins d'exception ordonnée par le préfet maritime, dans l'intérêt du nettoyage des bancs d'huîtres, les pêcheurs doivent immédiatement rejeter à la mer les poussiers, sables, graviers et fragments d'écailles, ainsi que les petites huîtres au-dessous des dimensions réglementaires.

Toutefois, dans les localités où il existe des étalages ou autres établissements propres à recevoir les petites huîtres, ces dernières peuvent y être déposées au lieu d'être rejetées sur les fonds.

ART. 9.

Des fossés et réservoirs à poissons peuvent, après autorisation, être établis sur les propriétés privées, recevant l'eau de la mer.

Les arrêtés d'autorisation rendus par notre ministre de la marine et des colonies déterminent, suivant la disposition et l'étendue des lieux, les conditions d'exploitation de ces réservoirs.

Sont permis, en se conformant aux réglements, les dépôts d'huîtres, de moules et de coquillages dans les propriétés privées.

ART. 10.

A l'avenir, il ne sera établi aucune pêcherie à poissons, soit sur le domaine maritime, soit sur une propriété privée.

Les détenteurs des pêcheries actuellement existantes seront tenus, lorsqu'ils en seront requis, et dans les délais ultérieurement déterminés, de justifier de leurs titres de propriétés ou des actes d'autorisation.

ART. 11.

Il est défendu de pêcher, de faire pêcher, de saler, d'acheter, de vendre, de transporter et d'employer à un usage quelconque :

1º Les poissons qui ne sont pas encore parvenus à la longueur de dix centimètres, mesurée de l'œil à la naissance de la queue, à moins qu'ils ne soient réputés poissons de passage ou qu'ils n'appartiennent à une espèce qui, à l'âge adulte, reste au-dessous de cette dimension ;

2º Les homards et les langoustes de vingt centimètres, de l'œil à la naissance de la queue.

NOTA. — Les agents verbalisateurs doivent mesurer effectivement la taille des poissons qui ne leur semblent pas présenter la dimension réglementaire. — *Circulaire du 16 juin 1888, Bull. off.,* p. 961.

ART. 12.

Les préfets maritimes déterminent par des arrétés toutes les mesures de police, d'ordre et de précaution propres à empêcher tous accidents, dommages, avaries, collisions, etc., etc., et à garantir aux marins le libre exercice de la pêche.

ART. 13.

Tous les arrêtés rendus par les préfets maritimes en matière de pêche côtière sont soumis à l'approbation de notre ministre de la marine et des colonies.

ART. 14.

Sont et demeurent rapportées les dispositions des décrets et réglements antérieurs qui sont contraires au présent décret.

Fait au Palais des Tuileries, le 10 mai 1862.

Le ministre secrétaire d'Etat de la marine et des colonies,

Signé : Cte P. DE CHASSELOUP-LAUBAT.

DECRET DU 25 OCTOBRE 1863

Supprimant l'obligation du rôle d'équipage pour les navires et bateaux employés à un certain genre de navigation

ARTICLE PREMIER

Sont exemptés du rôle d'équipage les bateaux et chalands uniquement employés à l'exploitation des propriétés rurales, fabriques, usines et biens de toute nature situés dans les îles et sur les rives de fleuves ou de rivières dans leur partie maritime.

Tout propriétaire qui emploie ces bateaux ou chalands à une autre destination ou qui les loue à frêt est privé du bénéfice de cette exemption.

ART. 2.

Sont affranchis de l'obligation de se munir d'un rôle d'équipage, les yachts et bateaux uniquement affectés à une navigation de plaisance.

Les propriétaires de ces yachts ou bateaux sont simplement tenus de se pourvoir d'un permis de navigation, dont la forme est déterminée par notre ministre de la marine et des colonies, et de remettre au commissaire de l'inscription maritime, lorsqu'ils entreprennent un voyage de quelque durée, une liste des personnes embarquées sur le yacht ou bateau.

Toute opération de commerce est absolument interdite aux yachts et bateaux de plaisance.

ART. 3.

A peine de retrait du permis, toute opération de commerce est absolument interdite aux yachts et bateaux de plaisance ; ils ne peuvent pratiquer la pêche qu'accidentellement, à titre de passe-temps et au moyen d'une ligne armée de deux hameçons au plus.

ART. 4.

Notre ministre de la marine et des colonies est chargé de l'exécution du présent décret.

Fait au Palais des Tuileries, le 25 octobre 1863.

Le ministre de la marine et des colonies,
Signé : Cte P. DE CHASSELOUP-LAUBAT.

NOTA. — Le 4 avril 1877, M. le ministre de la marine a décidé : 1° que les permis de navigation des bateaux de plaisance ne seraient plus établis qu'en une seule expédition ; 2° que ces permis seraient renouvelés lorsque les bateaux changeraient de propriétaires.

DÉCRET DU 8 FÉVRIER 1868

Portant réglementation de la récolte des herbes marines dans la Manche et dans l'Océan.

ARTICLE PREMIER

Les varechs ou goémons sont ainsi classés :

1° Goémons de rive ;

2° Goémons poussant en mer ;

3° Goémons venant épaves à la côte.

Les goémons de rive sont ceux qui tiennent au sol et que l'on peut atteindre de pied aux basses mers d'équinoxe.

Les goémons poussant en mer sont ceux qui, tenant aux fonds et aux rochers, ne peuvent être atteints de pied à la basse mer des marées d'équinoxe.

Les goémons épaves sont ceux qui, détachés par la mer, sont portés à la côte par le flot.

ART. 2.

La récolte des goémons de rive appartient aux habitants des communes riveraines.

Tout habitant a droit de participer à cette récolte.

Les propriétaires des terres situées dans les communes du littoral ont droit à la récolte des goémons de rive sans être tenus de justifier du fait d'habitation.

ART. 3.

Les goémons attenant au sol dans l'intérieur des pêcheries à poissons appartiennent aux habitants des communes riveraines.

Les goémons poussant dans l'intérieur des parcs et dépôts à coquillages appartiennent aux détenteurs de ces établissements.

ART. 4.

Deux coupes de goémons de rive peuvent être autorisées chaque année.

Les époques et les jours consacrés à ces deux coupes sont fixés par l'autorité municipale, qui en donne avis au commissaire du quartier de l'inscription maritime dans lequel est située la commune.

La coupe des goémons de rive ne peut être opérée la nuit.

Des affiches apposées dix jours au moins à l'avance feront connaître le jour de l'ouverture de la récolte.

L'autorité municipale est chargée, sous l'approbation du préfet du département, de régler, par des arrêtés, les mesures d'ordre et de police relatives à l'enlèvement des goémons.

ART. 5.

Les dispositions des réglements antérieurs portant défense de vendre les goémons de rive aux forains et de les transporter hors du territoire de la commune sont et demeurent abrogées.

ART. 6.

La récolte ou coupe des goémons poussant en mer est permise de jour pendant toute l'année.

Elle ne peut être faite qu'au moyen de bateaux pourvus de rôles d'équipage.

Néanmoins, pour la récolte de ceux de ces goémons qui sont destinés aux besoins particuliers des cultivateurs, ces derniers et leurs valets de ferme peuvent accidentellement s'adjoindre aux équipages réguliers des bateaux, sans toutefois que leur nombre excède deux individus par tonneau, non compris les hommes du bord.

ART. 7.

Il est permis à toute personne de recueillir, en tout temps, les goémons venant épaves à la côte.

Les goémons épaves que la mer dépose dans l'intérieur des pêcheries, parcs et dépôts à coquillages, appartiennent aux détenteurs de ces établissements.

ART. 8.

Toutes les dispositions qui précèdent sont applicables aux diverses espèces d'herbes marines, quelle qu'en soit la dénomination, qui croissent dans la Manche et dans l'Océan.

ART. 9.

L'enlèvement des amendements marins et sables coquilliers ne peut avoir lieu que sur l'autorisation du préfet maritime, après avis du préfet du département.

S'il s'agit de l'extraction des sables à bâtir, pierres et produits naturels autres que ceux qui sont considérés comme amendements marins, les autorisations sont délivrées par le préfet du département après avis du préfet maritime.

ART. 10.

Sont et demeurent abrogées les dispositions des décrets antérieurs qui sont contraires au présent décret.

ART. 11.

Notre ministre secrétaire d'Etat au département de la marine et des colonies est chargé de l'exécution du présent décret, qui sera inséré au *Bulletin des lois* et au *Bulletin officiel de la marine*.

Fait au Palais des Tuileries, le 8 février 1868.

Le ministre de la marine et des colonies,

Signé : RIGAULT DE GENOUILLY.

DÉCRET DU 20 NOVEMBRE 1875

Sur la pêche dans les eaux salées.

ARTICLE PREMIER

La pêche de la truite, du saumon, de l'ombre-chevalier et du lavaret est interdite chaque année, du 20 octobre au 31 janvier inclusivement, tant à la mer, le long des côtes, que dans les parties des fleuves, rivières, étangs et canaux où les eaux sont salées.

ART. 2.

Les dimensions au-dessous desquelles les espèces vivant alternativement dans les eaux douces et dans les eaux salées, ne pourront être pêchées, achetées, vendues, transportées, exportées ou employées à un usage quelconque, sont déterminées comme il suit :

1º Les saumons et anguilles, vingt-cinq centimètres de longueur ;

2º Les truites, ombres-chevaliers, ombre-communs, muges, brêmes, aloses, lamproies, esturgeons et lavarets, quatorze centimètres de longueur ;

3º Les soles, plies et flets, dix centimètres de longueur.

La longueur des poissons sus-mentionnés sera mesurée de l'œil à la naissance de la queue.

Les prescriptions qui précèdent sont applicables aux poissons pris à la ligne flottante.

ART. 3.

Les dispositions contraires au présent décret sont abrogées.

ART. 4.

Le ministre de la marine et des colonies est chargé de l'exécution du présent décret, qui sera inséré au *Bulletin des lois* et au *Bulletin officiel de la marine.*

Fait à Versailles, le 20 novembre 1875.

Le ministre de la marine et des colonies,

Signé : MONTAIGNAC.

DECRET DU 21 JANVIER 1888

Portant réglementation de la pêche de la sardine sur le littoral des quatre premiers arrondissements maritimes.

ARTICLE PREMIER

Sur le littoral des quatre premiers arrondissements maritimes, en deçà de trois milles à partir de la laisse de baisse mer et dans toute la baie de Douarnenez, la pêche de la sardine ne peut être pratiquée qu'à l'aide de filets flottants à nappes exclusivement verticales, connus sous le nom de rêts ou filets à sardines, sardinières, etc.

ART. 2.

Ces engins ne sont assujettis à aucune dimension de maille.

L'usage en est permis en tout temps.

ART. 3.

Sont abrogées toutes les dispositions antérieures relatives à la pêche de la sardine, et notamment les décrets du 10 octobre 1878, 4 avril et 20 octobre 1882.

ART. 4.

Le ministre de la marine et des colonies est chargé de l'exécution du présent décret, qui sera inséré au *Bulletin des lois* et au *Bulletin officiel de la marine.*

Fait à Paris, le 21 janvier 1888.

Le ministre de la marine et des colonies,
Signé : KRANTZ.

DÉCRET DU 30 MAI 1889

Portant réglementation sur la vente des huîtres.

ARTICLE PREMIER

La vente, l'achat, le transport et le colportage des huîtres ayant plus de cinq centimètres de diamètre sont autorisés en tout temps.

ART. 2.

La vente, l'achat, le transport et le colportage des huîtres ayant moins de cinq centimètres de diamètre sont également autorisés en tout temps, mais uniquement dans l'intérêt de l'élevage et du peuplement des établissements ostréicoles.

Les huîtres d'une dimension inférieure à cinq centimètres ne pourront, en aucun cas, être exposées sur les marchés ni livrées à la consommation.

ART. 3.

Les dispositions contenues dans le précédent article ne s'appliquent pas à l'exportation des huîtres de moins de cinq centimètres de diamètre du bassin d'Arcachon, qui continue à être interdite en tout temps.

ART. 4.

Les articles 1 et 2 du présent décret ne modifient en rien les prescriptions édictées par le décret du 14 août 1872, concernant spécialement le transport des huîtres dans la rade de Brest ou dans une zône de quatre kilomètres autour de cette rade.

ART. 5.

Les contrevenants aux dispositions du présent décret seront punis des peines portées à l'article 7 de la loi du 9 janvier 1852, ci-dessus visée.

ART. 6.

Est et demeure abrogé le décret du 12 janvier 1882 ci-dessus visé, en ce qu'il a de contraire aux dispositions qui précèdent, notamment en ce qui concerne la période d'interdiction de vente des huîtres du 15 juin au 1er septembre.

ART. 7.

Les ministres de la marine et de l'intérieur sont chargés, chacun en ce qui le concerne, de l'exécution du présent décret, qui sera inséré au *Bulletin des lois* et au *Bulletin officiel de la marine*.

Fait à Paris, le 30 mai 1889.

Signé : CARNOT.

RAPPORT

Au Président de la République française, suivi d'un tarif des allocations à attribuer à la gendarmerie maritime pour garde des navires et pour captures, arrestations et conduites de marins du commerce, du 9 juin 1880.

Monsieur le Président,

Une rémunération doit être attribuée aux gendarmes de la marine qui sont appelés à faire un service de garde à bord des bâtiments de commerce français ou étrangers, conformément aux dispositions du décret du 20 novembre 1879.

Le taux de cette rémunération et celui des allocations à attribuer à ces militaires pour les arrestations, captures et conduites de marins du commerce, n'ayant pas été déterminés jusqu'ici d'une manière précise et uniforme, il m'a semblé nécessaire de combler cette lacune.

Tel est l'objet du tarif ci-joint que j'ai l'honneur de soumettre à votre approbation.

Je vous prie d'agréer, etc.

Le ministre de la marine et des colonies,
Signé : JAURÉGUIBERRY.

Approuvé :
Le Président de la République française,
Signé : Jules GRÉVY.

TARIF

Des allocations à attribuer à la gendarmerie maritime pour garde des navires et pour captures, arrestations et conduites de marins du commerce, du 9 juin 1880.

Arrestation d'un marin français ou étranger absent illégalement de son bord.

En ville.	3f »
Hors de la ville.	5 »
Au-delà d'un myriamètre.	6 »
Capture d'un marin déserteur français ou étranger	25 » (1)

(1) La prime de capture ne doit être allouée qu'en cas d'accomplissement intégral des délais ordinaires de désertion. — Circulaire du 16 juin 1879.

Arrestation d'un marin étranger insubor-
donné. . . . . 3 »

Conduite d'un marin étranger en prison
ou de la prison chez le consul de sa
nation, ou à bord de son navire dans
le port. . . . . 3 »

Conduite d'un marin français ou étranger
en rade.. . . . . 6 » (1)

*Garde d'un navire français ou étranger en vue
d'empêcher la désertion.*

Mise de la garde (quel que soit le nombre
des gendarmes). . . . . 5ᶠ »

Garde de jour (de six heures du matin à
six heures du soir ; 0ᶠ50 par gendarme
et par heure). . . . . 6 »

Garde de nuit (de six heures du soir à six
heures du matin ; 1 fr. par gendarme
et par heure). . . . . 12 »

Soit pour vingt-quatre heures de garde
(mise de la garde comprise). . . . . 23ᶠ »

La conduite en rade ne sera faite que sur un
ordre spécial du commissaire de l'inscription maritime.

En outre des frais d'arrestation et de conduite
prévus par le présent tarif, les frais de transport
de la gendarmerie et de ses prisonniers et les frais
de séjour, alloués par le réglement aux militaires
de cette arme, devront être acquittés par le requé-
rant.

Approuvé :

Paris, le neuf juin mil huit cent quatre-vingt.

Le Président de la République française,

Signé : JULES GRÉVY.

Par le Président de la République :

Le ministre de la marine et des colonies.

Signé : JAURÉGUIBERRY.

(1) Lorque la distance dépassera 25 kilomètres, il sera
alloué en plus 0 fr. 50 par kilomètre et par marin escorté.

TABLE DES MATIÈRES

—